通園通学のための
# ワンポイント刺繍とアップリケ

## どんな布ものも刺繍の魔法でオリジナルグッズに変身!

はじめてさんでも、時間がなくても
ちくちく刺すだけで、あっという間に
世界でひとつの通園通学グッズに!
袋ものからくつ下、タオルまで
ワンポイント刺繍＆アップリケの
かわいい活用法をご紹介します。

### レッスンバッグや上履き袋の かわいい名前つけに

イラストみたいなひらがな図案は、
個性的な名前つけになります。

★図案
Hiragana ... p.30〜33
Boy ... p.18

お気に入りのモチーフで
自分マークをつけてあげましょう

モチーフを決めて、いろいろなものに刺せば、
「自分マーク」のできあがり。
★図案
Girl ... p.24

伸縮性のある素材にも
ワンポイント！

足の甲の位置に、左右異なるモチーフを刺して、
世界でひとつのくつ下に。

★図案
Insect ... p.36

## ちょっとした贈り物にも使えそう!

はじめてさんでも刺しやすい位置はやはり側面。
くつ下への刺しかたのコツはp.60へ。

★図案
Animal & Aquatic life... p.35
Alphabet 1 ... p.26

## シンプルな上履きもデコっちゃお!

側面や後ろにもモチーフをちりばめて、
思わず自慢したくなる一足に。

★図案
Girl ... p.20
Number ... p.29

 モチーフを大きくあしらうなら
アップリケがお手軽

刺すものに合わせて図案の大きさを調整すると、
用途もぐっと広がります。

★図案
Boy … p.16

モチーフの組み合わせ次第で
デザインも自由自在!

ロゼットには太めのリボンで
足をプラスしました。
★図案
Girl ... p.22
Alphabet 2 ... p.28

## 刺繍のお名前タグは
## タオルの角に縫いつけて
## ひっかけられる仕様

リネンテープに刺繍すれば、厚手のバスタオルなど
刺しにくいアイテムにもかんたんにつけられます。

★図案
Pattern ... p.40

## 毎日使うハンドタオルにも
## ワンポイントをプラス

肌に触れるタオルは、刺繍面を小さくするのが◎。
アップリケはやわらかい綿布を使って。

★図案
Boy ... p.16
Flower & Plant ... p.38

## 特別感のある飾りにぴったりの刺繍のくるみぼたん

市販のくるみぼたんキットを活用すれば、
かんたんにつくれます。

★図案
Pattern ... p.41

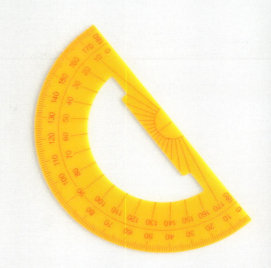

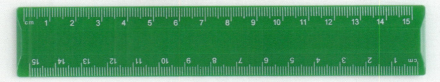

どんな布ものも
刺繍の魔法で
オリジナルグッズに変身！ 2

作品 / 図案

## Petit
かんたんモチーフ　12 / 66

## Boy
わくわくモチーフ　14 / 68

## Boy
アップリケのモチーフ　16 / 70

## Boy
わんぱくモチーフ　18 / 72

## Girl
夢みるモチーフ　20 / 74

## Girl
アップリケのモチーフ　22 / 76

## Girl
ときめきモチーフ　24 / 78

Alphabet 1　26 / 80

Alphabet 2　28 / 82

Number　29 / 83

Hiragana 1　30 / 84

Hiragana 2　32 / 86

Animal & Aquatic life　34 / 88

Insect　36 / 90

Flower & Plant　38 / 92

Pattern　40 / 94

Name tag　42 / 91

きほんの材料と道具　44

刺しはじめる前に　46

きほんのステッチ　50

いちばんやさしい刺繡レッスン　55

いちばんやさしいアップリケレッスン　57

刺繡＆アップリケをすてきに仕上げる
ワンポイントテクニック　59

名前つけのためのステッチカタログ　62

小さな雑貨のつくりかた　64

# Petit かんたんモチーフ

Page 66　Design : annas

プチ刺繍で自分マークもお手のもの！

# Boy わくわくモチーフ

Page 68
Design : annas

たくさん刺してあげたい
大好きな
のりものモチーフ

# Boy わんぱくモチーフ

Page 72
Design : Minako Chiba

サテン・ステッチで
小さくても存在感 UP!

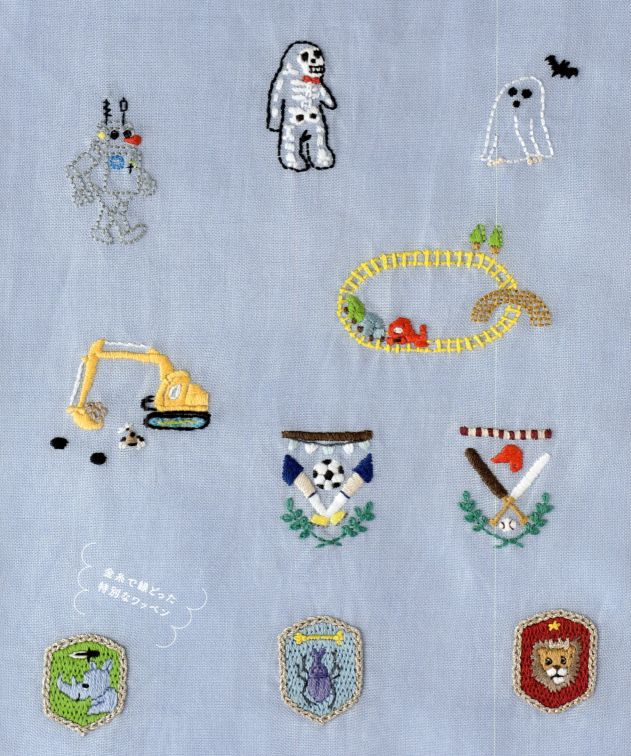

# Girl アップリケのモチーフ

Page 76  Design : Mari Kamio

立体感の出る
リボンはアップリケの
アクセントに

# Girl ときめきのモチーフ

Page 78  Design : Shoko Araki (p.24)  Minako Chiba (p.25)

ランチセットのワンポイントに！

# Alphabet 1
Page 80　Design : Shoko Araki

糸の色の選びかたで
シックにもポップにも

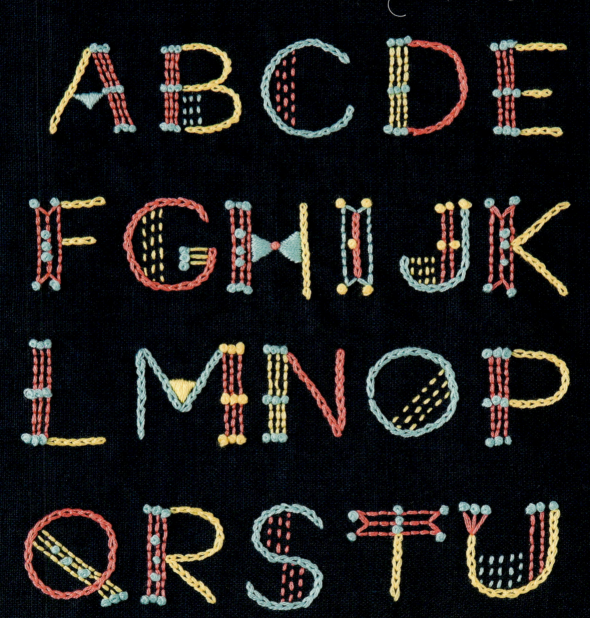

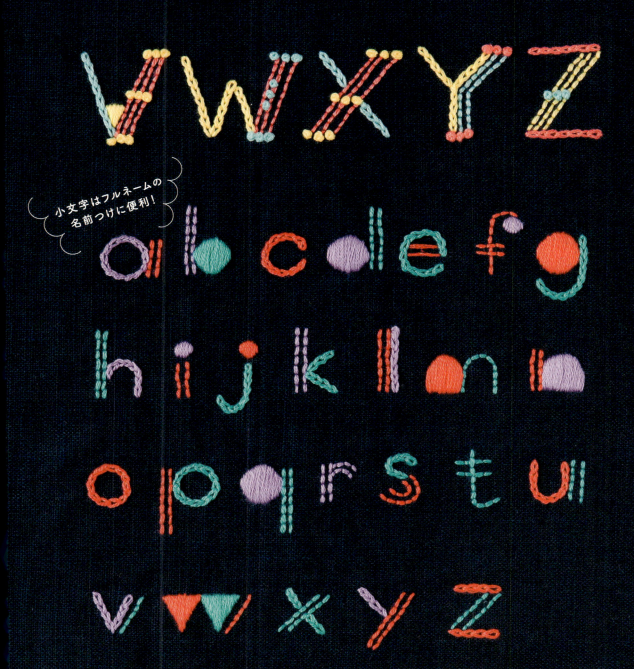

# Alphabet 2

Page 82  Design : Mari Kamio

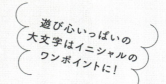

# Number

Page 83  Design : Mari Kamio

名前つけはもちろん
飾りにも使いたくなる
かわいい数字図案

# Hiragana 1
Page 84  Design : Minako Chiba

# Hiragana 2
Page 86　Design : Minako Chiba

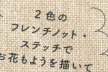
2色の
フレンチノット・
ステッチで
お花もようを描いて

 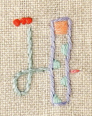  

# Animal & Aquatic life

Page 88　Design : Mari Kamio , Ayako Sakamoto , Shoko Araki

# Insect

Page 90　Design : Ayako Sakamoto

# Flower & Plant

Page 92  Design : Ayako Sakamoto

花モチーフは
女の子の
自分マークに
ぴったり

# Pattern

Page 94  Design : Shoko Araki

えりやそでの
縁飾りにぴったり

# Name tag
Page 91　Design : Shoko Araki

フェルトでつくる
エンブレム風ネームタグ

立体感の出るサテン・ステッチ
で、本物のエンブレムみたい！
図案の中央は、好みのステッチ
で名前を刺しましょう。

ワンポイント刺繍＆アップリケをはじめよう！
# How to make

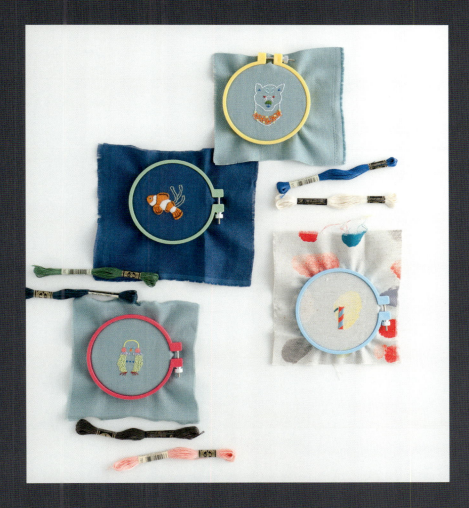

● 図案内の糸番号は、指定以外すべてDMCの25番刺繍糸のものです
● 図案内の「S」はステッチの略、（ ）のなかの数字は糸の本数です
● 刺繍のステッチについてはp.50〜を参照してください
● 図案の見かたについてはp.55〜を参照してください

# きほんの材料と道具

本書ではもっともポピュラーな刺繍「フランス刺繍」の手法を使用しています。
必要な道具や糸の種類から紹介します。

## 糸

一般的に刺繍糸というときに指すのが、この「25番刺繍糸」。1束の長さは8m、6本の細い木綿糸がより合わされて1本になっています。メーカーにより発色や色番号はそれぞれ異なりますが、本書では主に、鮮やかな発色と艶のある質感が特徴のフランスのDMCの糸を使用しました。

## 針

針穴が大きく糸が通しやすい「フランス刺繍針」を使います。針には3〜10号まで太さがあり、糸の本数、布の厚さなどによって使いわけするのがおすすめです。糸の本数と適した針の太さの目安は右の表を参照ください。

### 使用する針の目安

| 25番刺繍糸 | 刺繍針 |
| --- | --- |
| 5・6本どり | 3・4号 |
| 3・4本どり | 5・6号 |
| 2本どり・1本 | 7〜10号 |

＊針はクロバーのもの。3〜10号に向かって細くなります

## ⚠ 道具

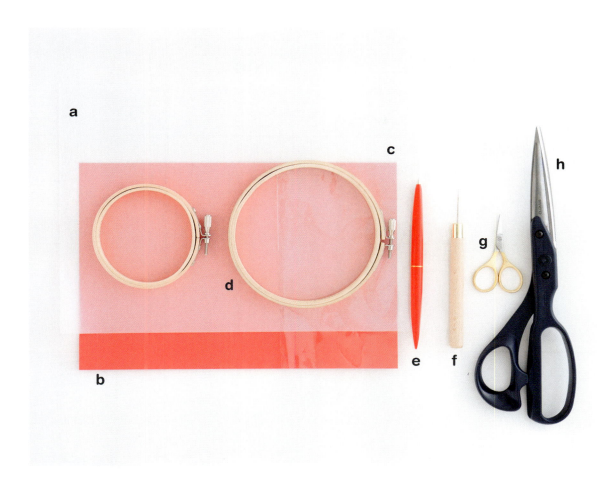

**a**
トレーシングペーパー
図案を本から写しとるときに使います。なぞるのはえんぴつなどを使って。

**b**
チャコペーパー
図案を布に写すための複写紙。片側がチャコ面の水で消えるタイプがおすすめです。濃い色の布には白いものを使います。

**c**
セロファン
図案を布に写すとき、トレーシングペーパーがやぶれないようにセロファンを重ねてなぞります。

**d**
刺繍枠
刺繍をしやすくするため、布をピンと張るための丸枠。大きさは図案サイズによって変えますが、直径10cm程度のものがおすすめです。

**e**
トレーサー
セロファンの上から図案をなぞって布に写すときに使います。ボールペンなどで代用可能です。

**f**
目打ち
刺し直しをする場合に、布地から糸をとるのに便利です。

**g**
糸切りばさみ
細かい部分を切ることもあるので、先のとがった刃の薄いタイプがおすすめです。

**h**
裁ちばさみ
布を切るときに。布専用のものを用意しましょう。

# 刺しはじめる前に

布や小物を用意したら、好みの図案を布地に写し刺繍枠にセット。
さあ、あとはステッチをはじめるだけです。

## 布の準備

図案を写す前に、布目を整えましょう。布の裏から霧吹きをかけアイロンをかけます。

### point

**布は水通ししよう**

リネンや目の粗いコットンなど、縮みやすい布地は、裁つ前に水通しをして布の状態を整えておくと安心。

**1** 洗たく機にたっぷりの水かぬるま湯を張り、1時間ほど浸ける。

**2** 軽く脱水し、しわを伸ばして陰干しする。

**3** 生乾きのまま、布目に沿って、布の裏からアイロンをかける。

## 布の種類

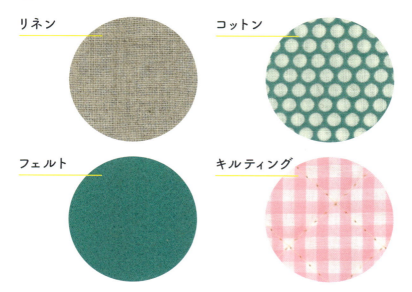

リネン
コットン
フェルト
キルティング

平織りのリネンやコットンが扱いやすくおすすめですが、針の通るものならどんな布にも刺繍やアップリケができます。また、あらかじめ仕立てられたバッグやきんちゃくなどにも、もちろん刺繍が可能です。なお、本書の図案作品のほとんどはリネンに刺しました。

## ▲ 図案を写す

**1** 図案の上にトレーシングペーパーをのせ、鉛筆やペンでなぞります。

**2** 布（表を上に）、チャコペーパー（チャコ面を下に）、トレーシングペーパー、セロファンの順に重ねます。

**3** 布に写っているか確認しながら、トレーサーでていねいになぞります。

## 刺繍枠を使う

**1** 刺繍枠の内枠をはずして、布を上にのせます。

**2** 図案が中央にくるようにしてから、外枠をはめます。

### point
**枠を使わないとき**

刺繍枠がなくてももちろん刺繍はできます。その場合は、針のないほうの指で布をはさみ、図案の刺す部分をピンと張ります。

**3** 布端をひっぱり、布目を整えたら、外枠のねじを締めます。

金具が利き手の反対側にくるように持つのがおすすめ

## 糸の扱いかた

**1** 刺繍糸のラベルははずさないようにして、糸を50〜60cm引き出して切ります。

**2** より合わされた糸から1本ずつ、必要な本数を引き出します。

**3** 糸端をそろえて必要な本数をまとめます。こうすると毛並がそろって美しい仕上がりに！

## 糸の通しかた

**1** 糸端を針の頭（側面）にひっかけて二つ折りにし、指ではさんで折り跡をつけます。

**2** 針を抜き、糸を二つ折りにしたまま、わの状態で針穴に通します。

### point

**刺繍糸用糸通し**

細い糸を数本まとめて針の穴に通すので、刺繍糸を通しやすい、刺繍糸専用の糸通しがあると便利でしょう。

**3** 通りました。

## ▲ 刺しはじめは玉結び

**1** 針に糸を通したら、指先に玉結びをつくる糸端をのせ、その上に針先を重ねます。

**2** 針先を指に押しつけたまま、針に糸を2回巻きつけます。

**3** 糸を指先でしっかりはさみ、針を引き抜きます。

## 刺しおわりは玉どめ

**1** 布を裏に返し、糸が出ている位置に針を押しつけて、糸を2回巻きつけます。

**2** 巻いた糸と布を指でしっかり押さえながら針を引き抜きます。

**3** 余分な糸端は切ります。

## point

### 針の目が飛ぶときも玉どめを！

袋ものなど日常使いの雑貨に刺繍する場合、はじめとおわりは玉どめ、玉結びが安心。また、1cm以上縫い目が飛ぶときも、必ず玉どめをしましょう。ひっかけ防止にもなります。

**OK**

**NG**

# きほんのステッチ

刺繍はステッチや糸の組み合わせで、バリエーション豊かに図案を表現することが可能です。
きほんのステッチ 11 種類を紹介しましょう。

## 🟡 ストレート・ステッチ　Straight stitch

短い線を描くステッチ。
植物の枝や昆虫の触覚、生きものの体のもようなどの図案に使用しています。

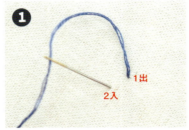

## 🟡 ランニング・ステッチ　Running stitch

並縫いのこと。針の出し入れをくり返して線を描きます。
針目の長さをそろえるのがきれいに仕上げるコツ。

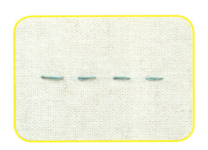
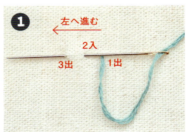
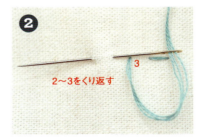

## 🟡 バック・ステッチ　Back stitch

返し縫いのこと。同じ長さの針目がすきま間なくつながった線を描きます。
針目の長さはそろえて。

 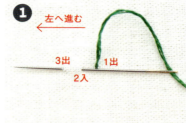 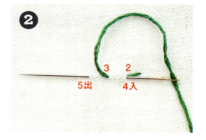

## 🟡 アウトライン・ステッチ　Outline stitch

針目を少しずつ重ねて進む刺しかた。
針目の重ねかたで、細い線も太い線も描くことができます。

## point

### カーブをきれいに刺す

アウトライン・ステッチは、カーブをきれいに描くのにもぴったり。カーブに沿って細かい針目で刺すときれいです。反対に、大きな針目だとなめらかな線になりません。

**OK**　　　**NG**

## 🟡 チェーン・ステッチ　Chain stitch

鎖をつなげたようなステッチ。線や面を埋めるときにも使います。
鎖をふっくらと同じ大きさでそろえるのがコツ。

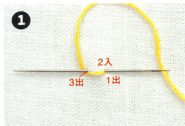

## 🟡 フレンチノット・ステッチ　French knot stitch

結び目をつくるステッチ。
糸を巻く回数や糸の本数で結び目の大きさは変わります。目などを描くときに。

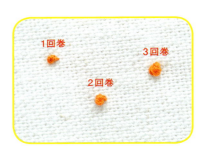
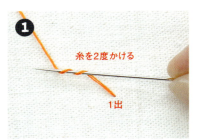
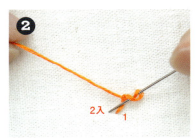

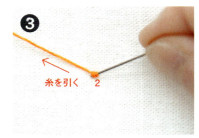

三つ編みとぼたんが
フレンチノット・ステッチ
巻く回数で大きさを変えています

## レゼーデージー・ステッチ　Lazy daisy stitch

小さなだ円を描くステッチ。花びらや葉っぱによく使います。
糸を引き過ぎずふっくらとした円にするのがコツ。

 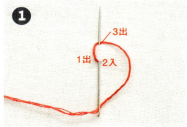 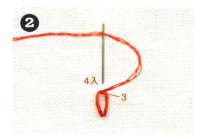

## フライ・ステッチ　Fly stitch

Y字に刺すステッチ。Yの中央のひと針の長・短で印象が変わります。
口やくちばし、果物のもように使っています。

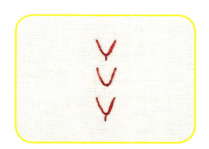 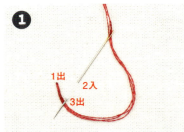 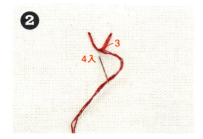

## サテン・ステッチ　Satin stitch

図案の端から端までストレート・ステッチを何度も平行に渡して、面を埋めます。
小さめの面に適しています。左右対称の図案は中央からはじめるとバランスよく刺せるでしょう。

 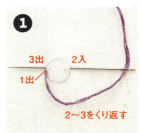  

## ロング＆ショート・ステッチ　Long & short stitch

ストレート・ステッチを長・短交互にくり返して面を埋めます。
サテン・ステッチよりも大きめの面に。

❶ ストレート・ステッチの長、短をくり返す

❷ 上段のすき間を埋めるように刺す

## ブランケット・ステッチ　Blanket stitch

直角を描きながら進むステッチ。
縁かがりやアップリケの縫いつけなどにも使います。

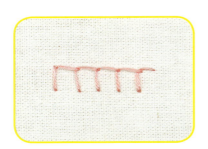
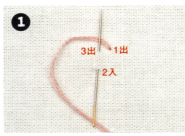

❶ 3出　1出　2入

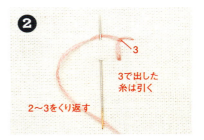

❷ 3　3で出した糸は引く　2〜3をくり返す

# point

### 応用ステッチ

12ページのパイナップルのもよう、25ページのかごの図案に使用しているステッチです。

**コーチング・ステッチ**

❶ ストレートSをたて、横の順に刺し、格子にする

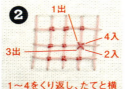

❷ 1出　4入　3出　2入　1〜4をくり返し、たてと横の糸が交差するところをクロスに刺す

**バスケット・ステッチ**

❶ ストレートSを横に刺す　糸の太さ分あける

❷ 横糸の上と下を交互に通しながらたてに刺す

# いちばんやさしい刺繍レッスン

38ページ（図案92ページ）の「桜」を取り上げて、図案の見かたから刺しおわりまで、ワンポイント刺繍の刺しかたを紹介します。

## 実物大図案を見る

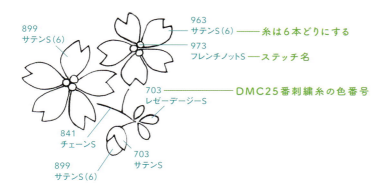

 **刺すときは図案写真をじっくり見よう**

どう刺し進めていいのか不安な場合は、図案写真を確認しながら刺すのがおすすめ。サテン・ステッチの糸を渡す方向や、チェーン・ステッチの大きさなど参考にしましょう。

## 図案を写して刺しはじめる

**1** 図案を写す（p.47）手順で布に図案を写し、刺繍枠に布をはめます。

**2** メインの花から刺しはじめます。花びらを糸2本どり、バック・ステッチ（p.51）で縁どりし、1度裏で玉どめ。

 **サテン・ステッチをきれいに刺すコツ**

最初にバック・ステッチ（またはアウトライン・ステッチ）で縁どりをし、その外側から縁どりを覆うように糸を渡すとふっくらキレイなサテンに仕上がります。

**3** 糸を6本どりにかえて、2のステッチを隠すようにサテン・ステッチ(p.53)を渡します。

裏

刺しおわりの玉どめ

糸をかえるごとに糸の始末をしましょう。

**4** 糸をかえて、2本どりで手順1と同じように次の花をバック・ステッチで縁どります。

**5** 糸を6本どりにかえて、手順3と同じようにサテン・ステッチをします。

**6** 糸をかえ、花の際から下に向かって、2本どりでチェーン・ステッチ(p.52)をします。

**7** 糸をかえ、2本どりでつぼみをサテン・ステッチ、葉をレゼーデージー・ステッチ(p.53)で順に刺します。

**8** 糸をかえ、手順4〜5の要領でつぼみをサテン・ステッチで埋めます。

**9** 糸をかえ、2本どりで花の中央にフレンチノット・ステッチ(p.52)を2回巻で3個ずつ刺します。

できた！

裏

# いちばんやさしいアップリケレッスン

35ページ（図案89ページ）の「クマノミ」を例に、もっともポピュラーな、フェルトを使ったアップリケの刺しかたを紹介します。

##  実物大図案を見る

本書で紹介しているアップリケのほとんどは、アップリケと刺繍を組み合わせた図案です。図案写真を参照して、下にあるものから順にパーツを重ねていきましょう。

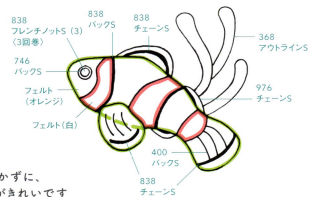

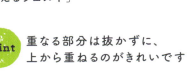

point フェルトは「洗えるフェルト」を使いましょう

point 重なる部分は抜かずに、上から重ねるのがきれいです

**1** 図案をコピーしてパーツごとに切って型紙をつくり、パーツ用フェルト（オレンジ）にのせて印をつけて裁ちます。

**2** ほかのパーツも同様にして、カットします。

**3** 縫いつける布に図案を写したら、メインのパーツをのせ、まち針で留めます。

 point アップリケは「たてまつり」で縫いつける

布色に合わせた刺繍糸を1本または2本どりにし、針をななめに刺し、土台布とパーツ布を少しだけいっしょにすくいます。1から出て2に入るときは、パーツの縁に対して垂直にすると、小さな針目が平行に並びます。

**4** パーツをぐるりとたてまつりで縫います。

**5** フェルト（白）のもようパーツを、土台布まですくって、たてまつりで縫いつけます。

**6** バランスを見ながら、胸びれを重ねたてまつりで縫いつけ、胸びれと尾ひれの刺繍図案を下書きします。

**7** 糸をかえながら、チェーン・ステッチ（p.52）、バック・ステッチ（p.51）で、胸びれと尾ひれ、体のもようを刺します。

**8** 糸をかえ、土台布にチェーン・ステッチで背びれ、尻びれを刺します。

**9** 糸をかえ、チェーン・ステッチで背びれの中、フレンチノット・ステッチ（p.52）で黒目を刺し、再度糸をかえて白目を刺します。

できた！

**10** 糸をかえ、アップリケのまわりのイソギンチャクをアウトライン・ステッチ（p.51）で刺します。

## フェルト以外でパーツをつくる

薄手のコットンなどプリント布でもアップリケは可能です。その際は、縫い代を折り込んで布がほつれないように処理します。

❶ 厚紙で型紙をつくり、縫い代0.5〜1cmを足したサイズでパーツ布を裁ちます。

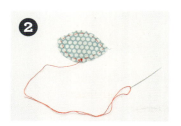

❷ 縫い代のカーブをぐし縫いし、布（裏）に型紙をのせて、糸を引き絞ります。

❸ アイロンで形を整えて型紙をはずします。

❹ パーツができました。あとはフェルトのアップリケと同様の手順でOK！

刺繍&アップリケをすてきに仕上げる
# ワンポイントテクニック

刺繍&アップリケをいっそう楽しむためのちょっとしたコツやアイデアを紹介します。活用の幅もますます広がるかも!

## Technique 1

### どんなものにもつけられる刺繍ワッペン

硬くて針が通りにくい布地や刺繍しにくい雑貨でも、ペタリと気軽につけられる超便利アイテム。同じ図案をつくり置きして、自分マークとしてつけてあげても!

**便利グッズ**

**アイロン両面接着芯**

**布接着グッズ**
ワッペンに仕立てるためのアイテムです。アイロン接着には両面接着芯を使います。また、布用ボンドならどんな素材もOK。

**布用強力ボンド**

### アイロン両面接着芯を使う場合

**1** 布に刺繍をしたら、布(裏)、接着芯の順に重ねアイロン(中温)をあてます。刺繍のかたちに沿って布を裁てばワッペンの完成。

**2** ワッペンをつける際は、剥離紙をはがし、つけたい位置にのせて、あて布をしてからアイロン(中温)を20秒ほどあてます。

## Technique 2

### 伸縮性のある くつ下にじょうずに刺繍する

生地が伸び縮みするからむずかしそうなイメージですが、図案さえ写せれば、案外かんたん！ くつ下は刺繍枠ではなく、ボール紙を使うのがコツです。図案は、チャコペーパーではスムーズに写せないので、転写シールを利用します。くつ下だけでなく、フェルトなど凸凹がある素材、ぼうしなどの既製品にもおすすめの便利グッズです。

**便利グッズ**

**図案転写シール**

シールタイプになっているので、布に直接写せないものに最適。刺繍した後、水で溶けるので扱いもかんたんです。

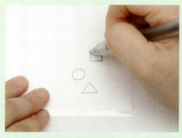

**1** 図案を写すのに、転写シールを使います。図案に転写シールを重ね、水性ボールペンで図案をなぞります。

**2** くつ下の幅に合わせて細長くボール紙を切り、それをくつ下に差し入れ台紙にします。

**3** くつ下の刺繍位置に転写シールを貼ります。

**4** 転写シールの上から刺繍をします。

**5** 水につけて、転写シールが溶けるまで置いておきます。

**6** 糸目が乱れないようにして軽く絞り、日陰に干したら、最後に布の裏側からアイロンをあてます。

# Technique 3

## すてきに見える つけ位置のコツ

どこに刺してもかわいいワンポイント刺繍ですが、つける位置に迷ったときは、モチーフの種類や向きに気をつけて配置を考えてみましょう。

### モチーフ

空を飛ぶものは「上寄り」
地にいるものは「下寄り」

鳥、飛行機、風船、気球など空を飛ぶものは上に、のりもの、昆虫、地をはうものは下に、布地をふだん見ている空間に見立てて、配置を決めるとよいでしょう。

### バランス

右向きのモチーフは「左寄り」
左向きのモチーフは「右寄り」

顔の向きの方向に空間が空いているほうが、バランスよく見えます。反対にすると詰まった印象を与えます。

# Technique 4

## 硬い素材に刺繍をする

上履きや厚手のバッグなど、針が通りにくい素材にきれいに刺繍するには、図案の針を通したい位置にあらかじめ目打ち等で穴をあけておくのがおすすめです。図案は、ざっくりとした大きめの図案が向いています。

# Technique 5

## 刺繍をきれいに仕上げる

刺繍やアップリケを刺し終わったら、水を含ませた綿棒などで図案の線をたたいて消します。その後、アイロン台、バスタオル、布、刺繍した布（裏）、あて布の順に重ねそっとアイロンをかけましょう。

# かんたん！名前つけのための
## ステッチカタログ

通園通学グッズに欠かせない名前つけ。
図案を使わない、かんたん名前つけの手順と
ステッチごとのサンプルを紹介します！

刺しはじめる前に

チャコペンで布に直接下書きをします。サテン・ステッチなどで太い線にする場合は、太めに書くとよいでしょう。

ランニング・ステッチ
DMC972／3本どり

アウトライン・ステッチ 太
DMC704／6本どり

アウトライン・ステッチ 細＋サテン・ステッチ
DMC924／3本どり
DMC349／6本どり

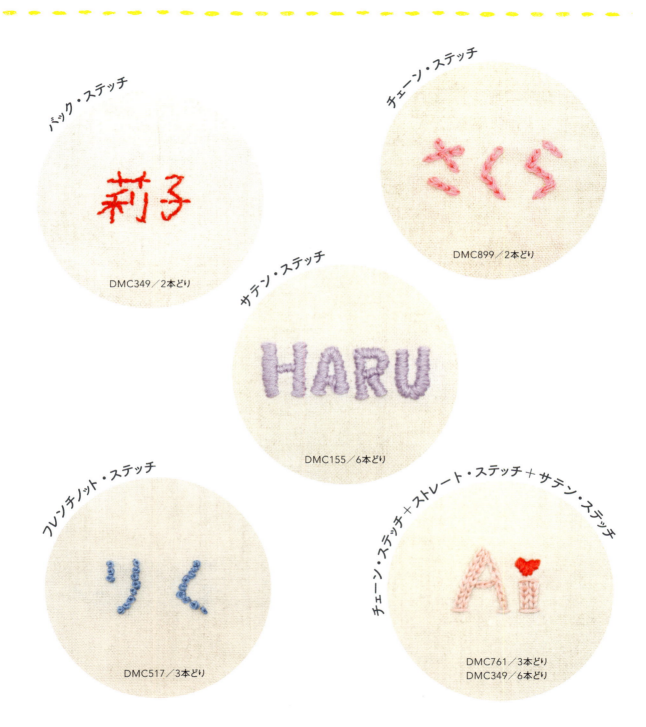

# 小さな雑貨のつくりかた

ロゼット、ブローチ、ネームタグ……通園通学グッズとの相性もバツグンの小さな雑貨たちです。つくりかたはとてもかんたん！ ぜひ挑戦してみて。

## ロゼットのアップリケ

材料

小花
0.6cm幅サテンリボン　約3cm×10本

白鳥
1.5cm幅サテンリボン　約5cm×5本

**1** 刺繍をする

**3** 1周分リボンをはさんだら、リボンとフェルトをいっしょに布にまつりつける

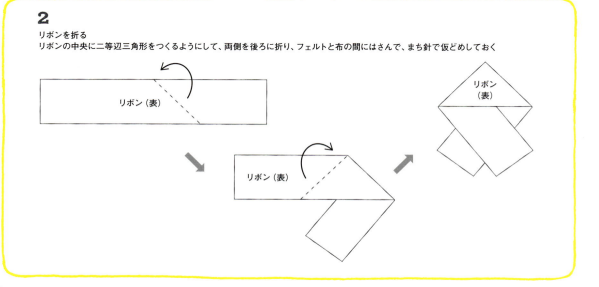

**2**
リボンを折る
リボンの中央に二等辺三角形をつくるようにして、両側を後ろに折り、フェルトと布の間にはさんで、まち針で仮どめしておく

リボン（表）

リボン（表）

リボン（表）

# Page 37 かんたんブローチ

**材料**

共通
リネン　適量
手芸わた　適量
ブローチピン　1個

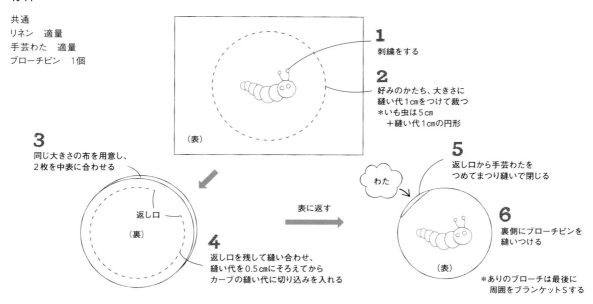

1 刺繍をする

2 好みのかたち、大きさに縫い代1cmをつけて裁つ
＊いも虫は 5cm ＋縫い代1cmの円形

3 同じ大きさの布を用意し、2枚を中表に合わせる

4 返し口を残して縫い合わせ、縫い代を0.5cmにそろえてからカーブの縫い代に切り込みを入れる

表に返す

5 返し口から手芸わたをつめてまつり縫いで閉じる

6 裏側にブローチピンを縫いつける

＊ありのブローチは最後に周囲をブランケットSする

# Page 42 ネームタグ

**材料**

共通
フェルト　15×15cm
1.5cm幅グログランリボン　5cm
ボールチェーン　1本

女の子のみ
2.5cm幅グログランリボン　16cm

1 刺繍をする

2 同じかたちのフェルトを後ろに重ねる

3 バックSで縫い合わせる

4 3枚めのフェルトを重ねる

5 二つ折りにした1.5cm幅グログランリボンをはさむ

6 2.5cm幅グログランリボンをななめに二つ折りしてはさむ

7 3枚めのフェルトに手芸用ボンドをつけて貼りとめる

*指定以外はサテンS(2)で刺す
*すべて2本どり　*フレンチノットSは2回巻
*Sはステッチの略

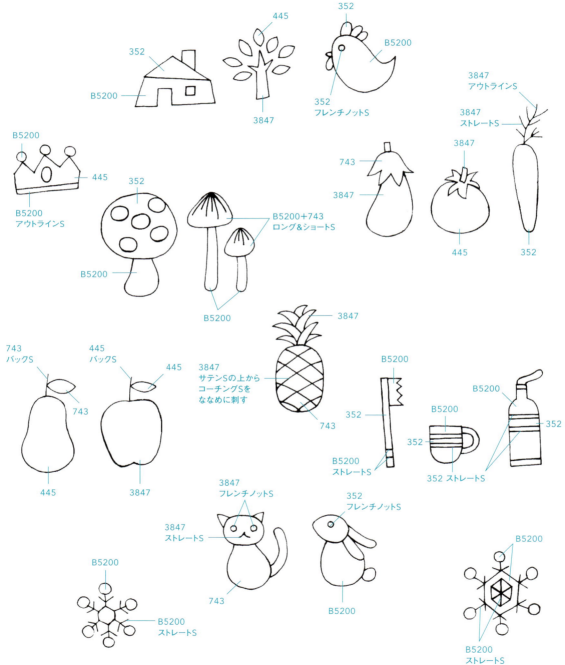

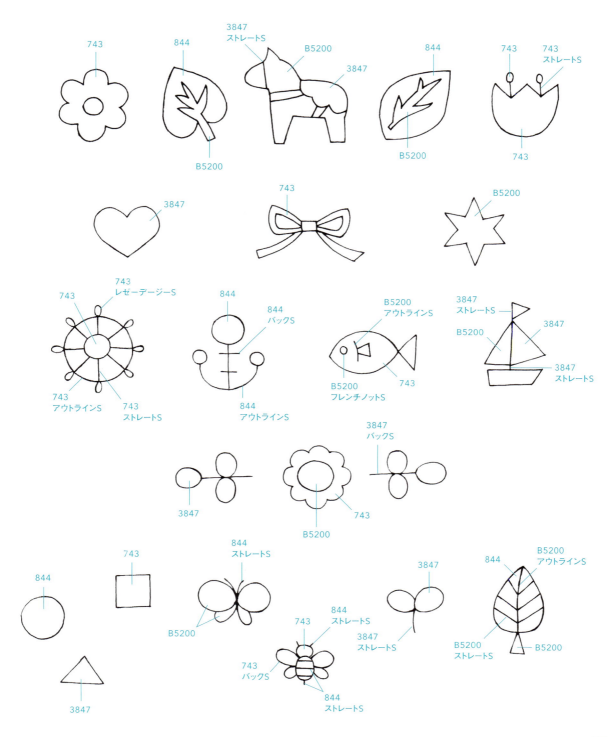

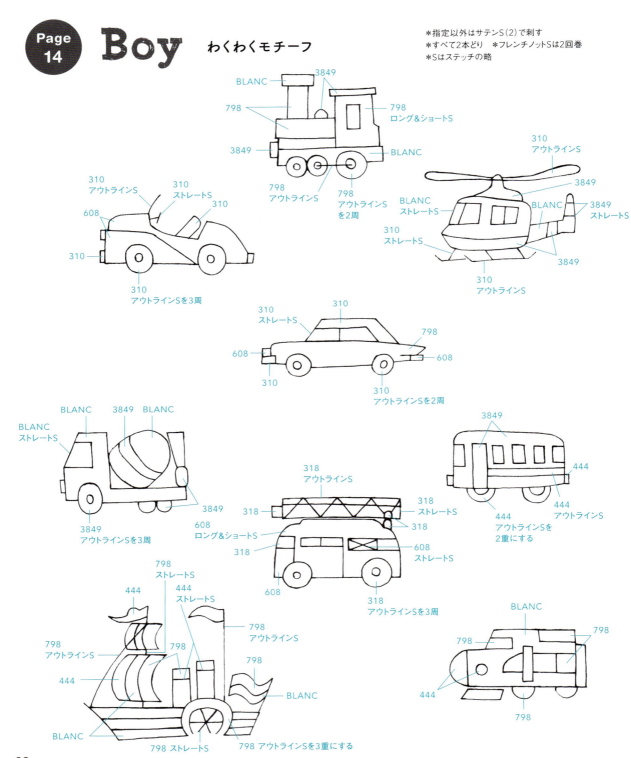

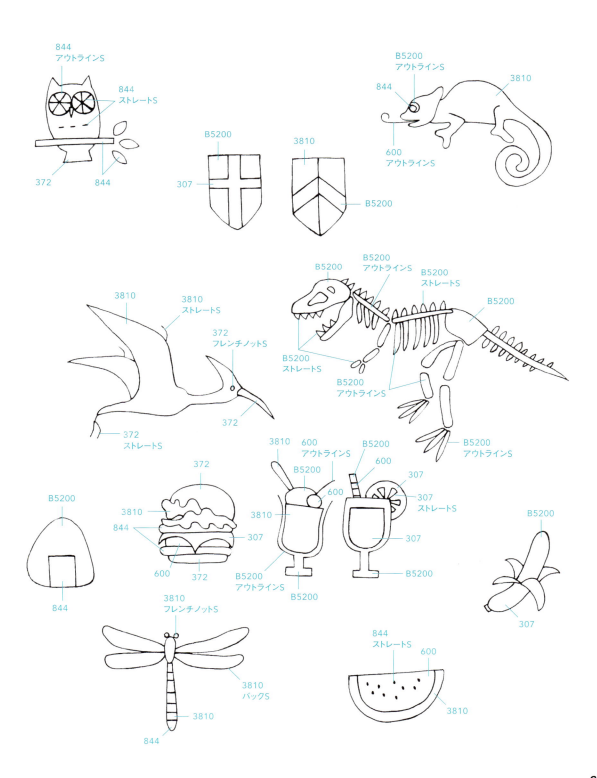

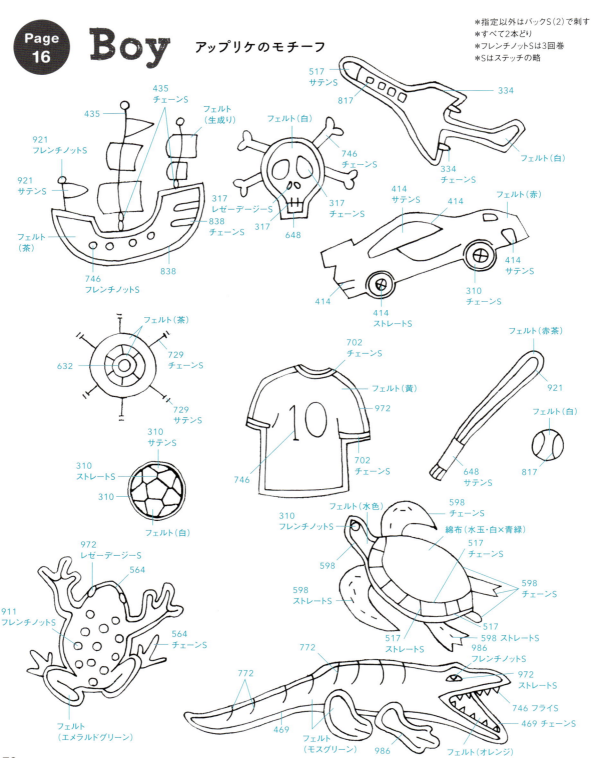

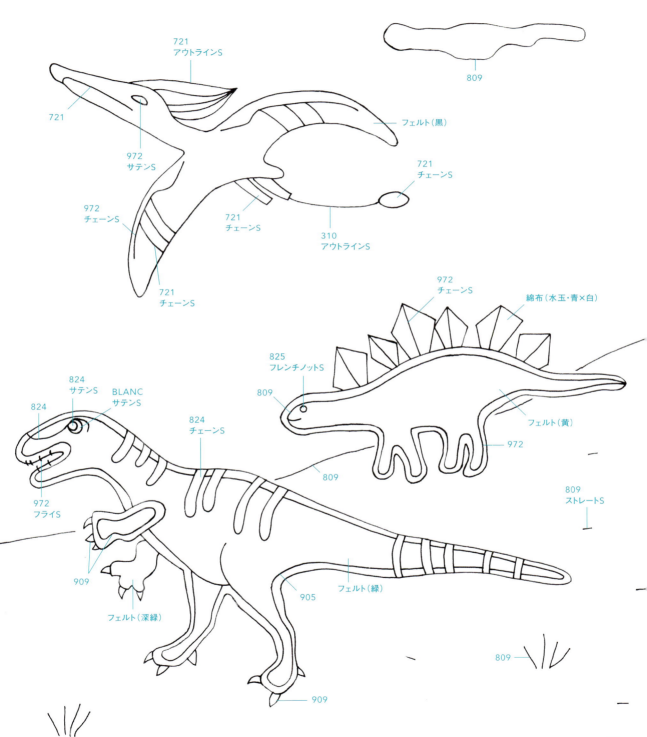

# Page 18 Boy わんぱくモチーフ

*指定以外はサテンS(2)で刺す
*指定以外は2本どり　*フレンチノットSは指定以外2回巻
*Sはステッチの略、( )内の数字は糸の本数

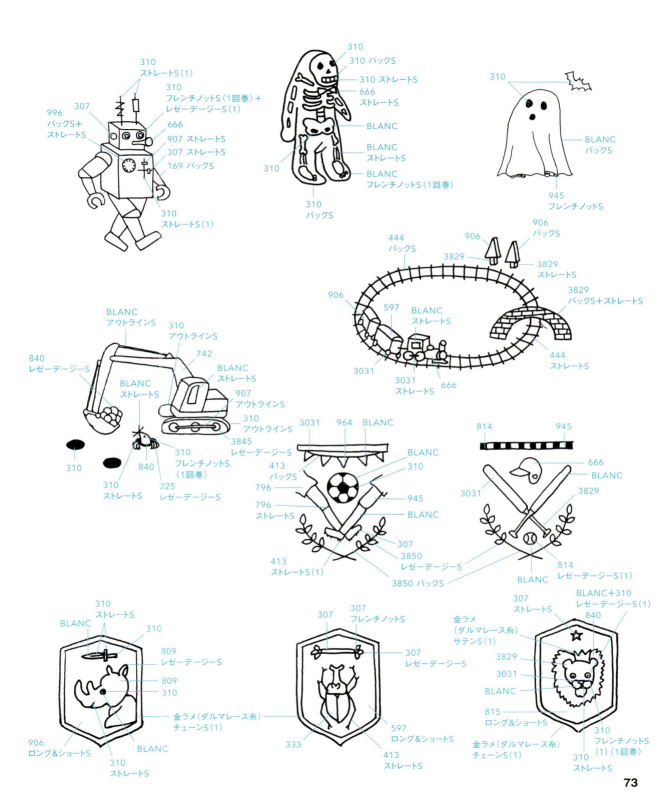

# Page 20 Girl 夢みるモチーフ

*指定以外はサテンS(3)で刺す
*指定以外は3本どり　*フレンチノットSは2回巻
*Sはステッチの略、( )内の数字は糸の本数

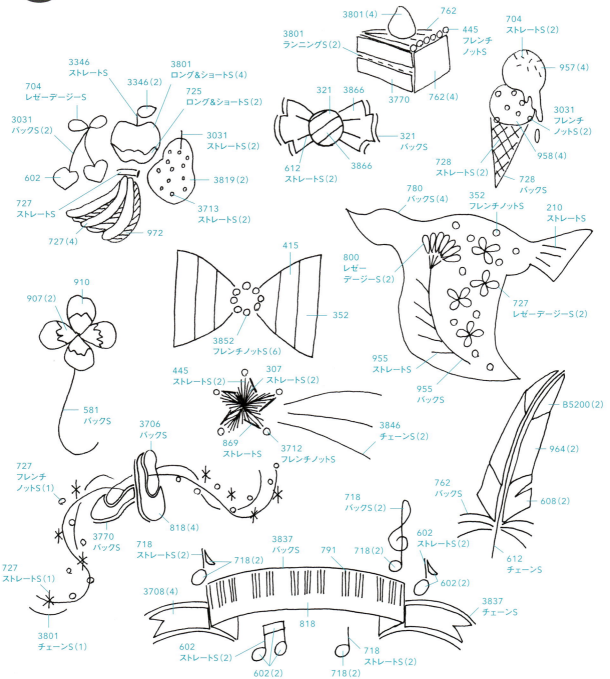

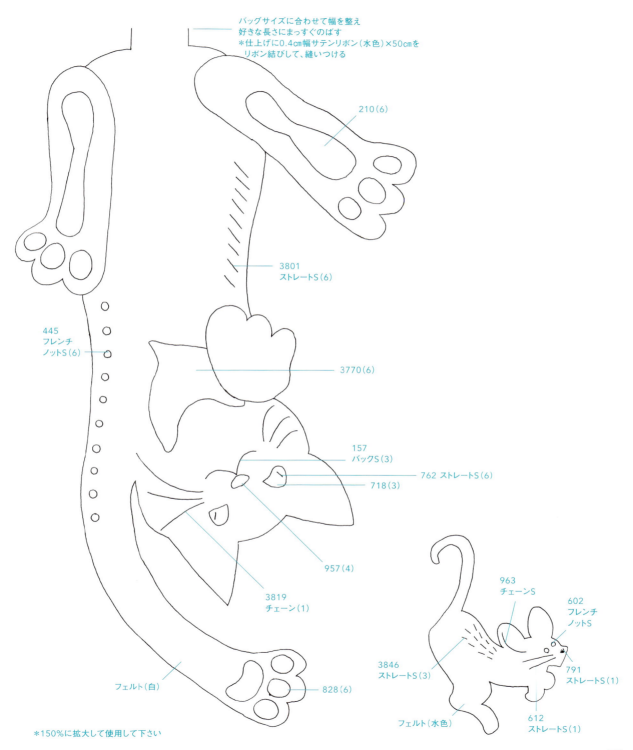

# Page 24 Girl ときめきのモチーフ

*指定以外はサテンS(2)で刺す
*指定以外は2本どり *フレンチノットSは指定以外2回巻
*Sはステッチの略、( )内の数字は糸の本数

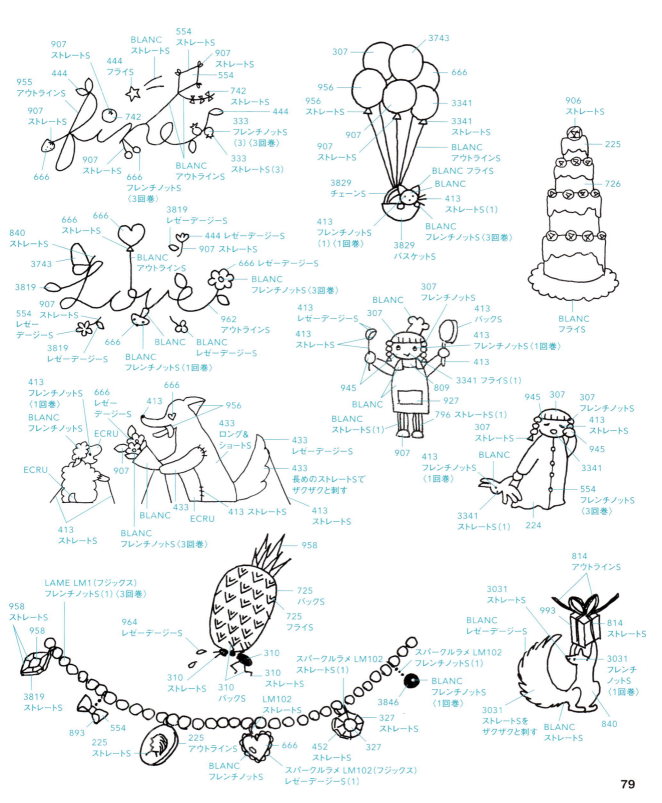

# Page 26 Alphabet 1

*指定以外はチェーンS(2)で刺す
*指定以外は3本どり  *フレンチノットSは2回巻
*Sはステッチの略、( )内の数字は糸の本数

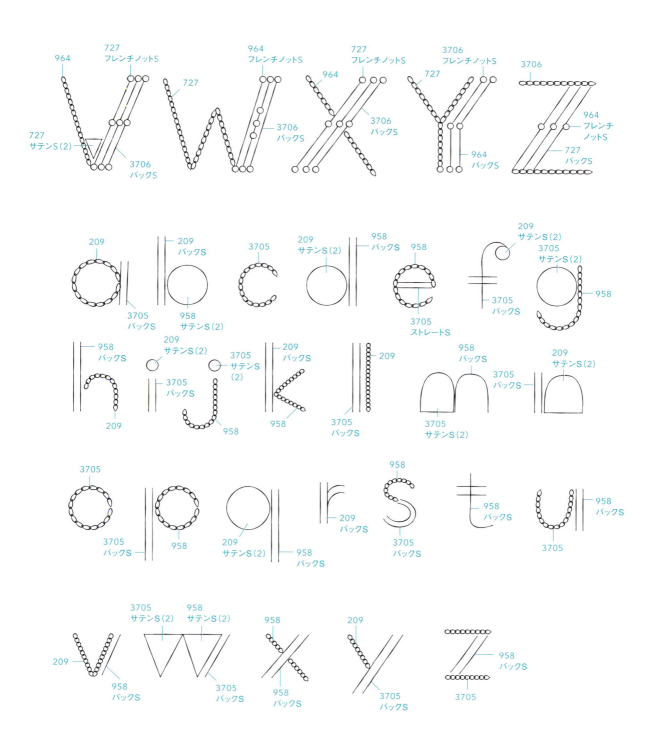

# Alphabet 2

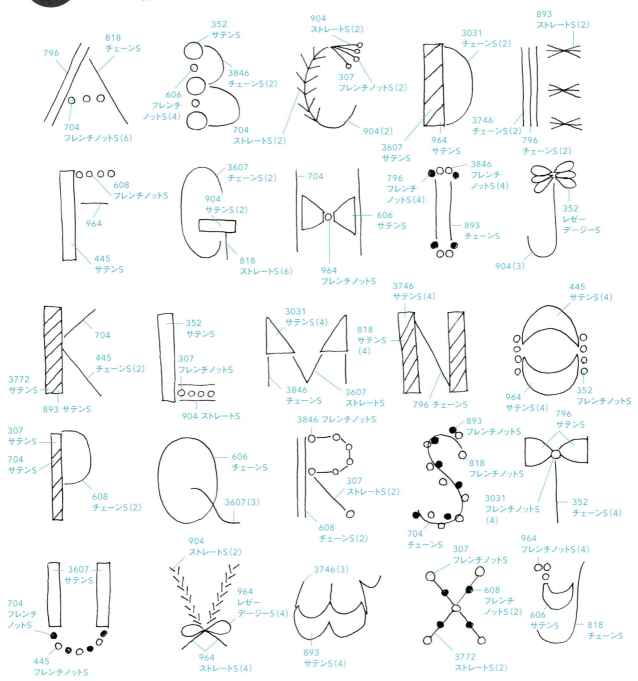

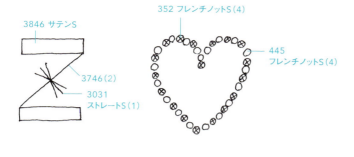

# Page 29 Number

*指定以外はサテンS(4)で刺す
*指定以外は3本どり  *フレンチノットSは2回巻
*Sはステッチの略、( )内の数字は糸の本数

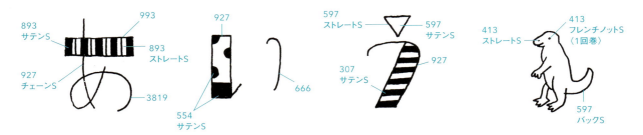

 **Hiragana 1**

*指定以外はアウトラインS(2)で刺す
*すべて2本どり　*フレンチノットSは指定以外2回巻
*Sはステッチの略

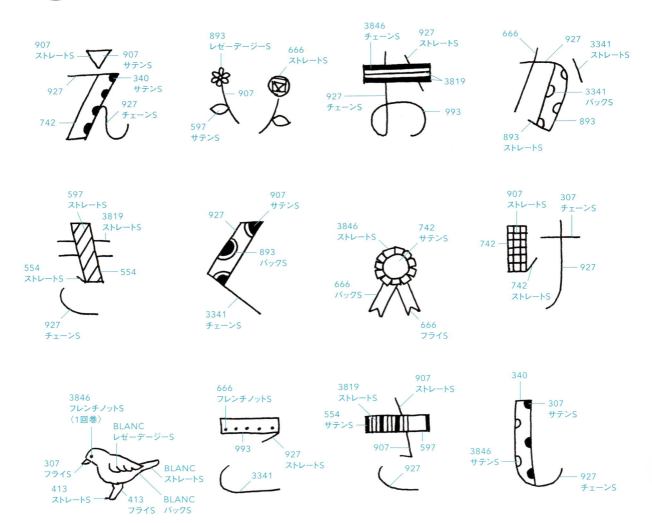

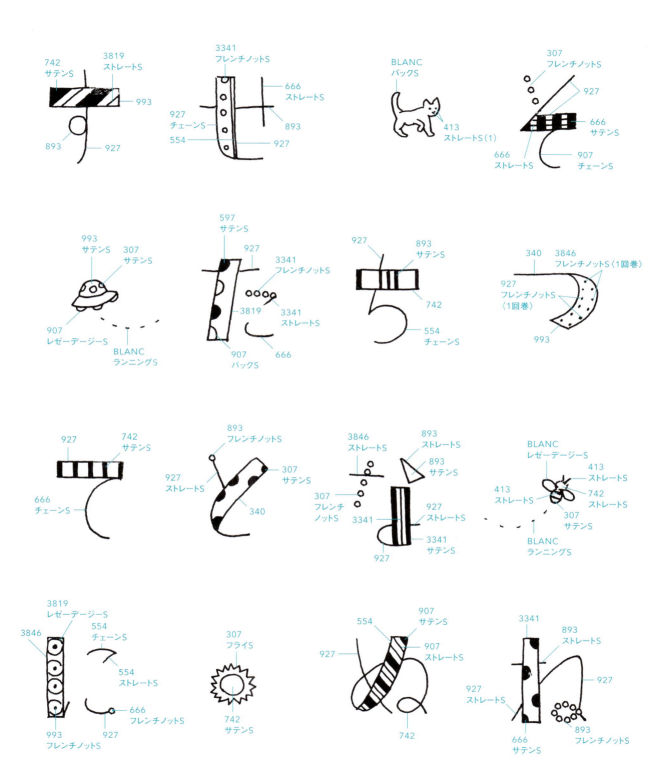

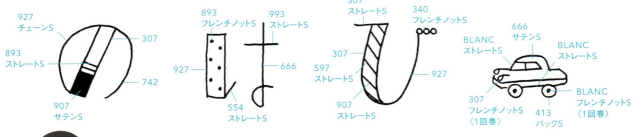

# Page 32 Hiragana 2

*指定以外はアウトラインS(2)で刺す  
*すべて2本どり　*フレンチノットSは指定以外2回巻  
*Sはステッチの略

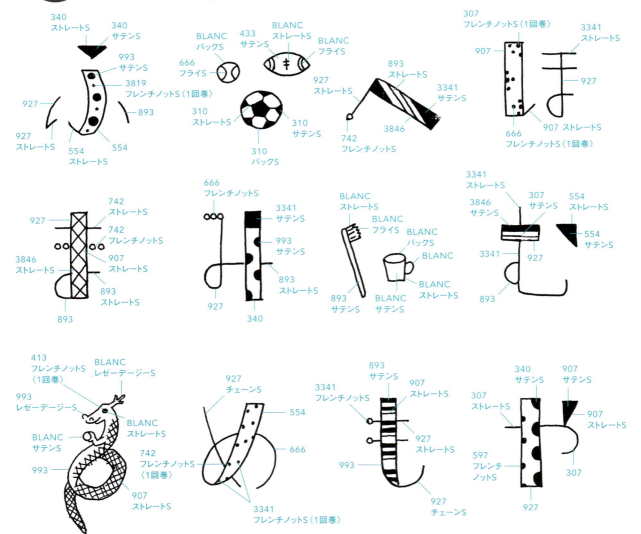

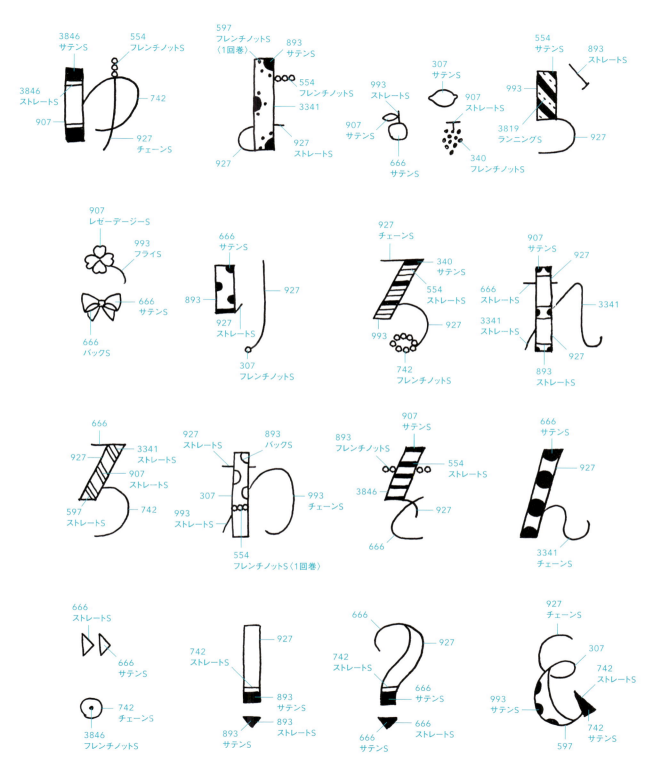

# Page 36 Insect

*指定以外はバックS(2)で刺す
*すべて2本どり　*フレンチノットSは指定以外2回巻
*Sはステッチの略

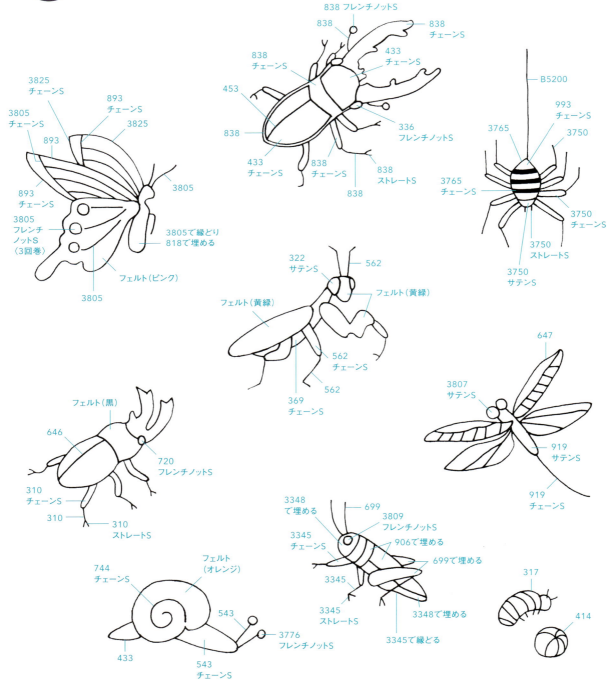

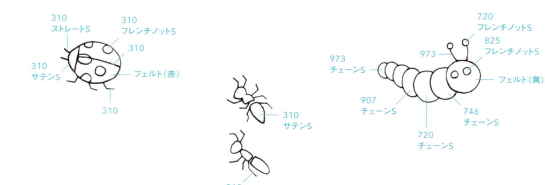

 Page 42

# Name tag

＊指定以外はサテンS(2)で刺す
＊すべて2本どり
＊フレンチノットSはすべて2回巻
＊Sはステッチの略

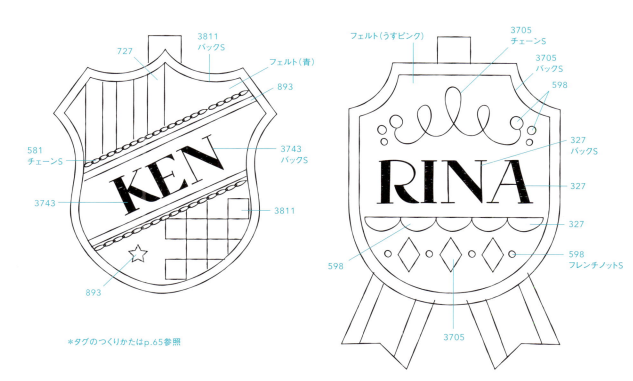

＊タグのつくりかたはp.65参照

# Page 38 Flower & Plant

*指定以外はバックS(2)で刺す　*すべて2本どり
*フレンチノットSはすべて2回巻　*Sはステッチの略

- 899 サテンS(6)
- 963 サテンS(6)
- 973 フレンチノットS
- 972 レゼーデージーS(3)
- フェルト(クリーム)
- 972 サテンS
- 904 サテンS
- 904 レゼーデージーS
- 704 チェーンS
- 703 レゼーデージーS
- 841 チェーンS
- 703 サテンS
- 899 サテンS(6)
- B5200 レゼーデージーS
- B5200 フレンチノットS
- 972 サテンS
- 368 アウトラインS
- フェルト(黄緑)
- 904
- 826 レゼーデージーS
- フェルト(紫)
- 368 ストレートS
- 211 アウトラインS
- 211 チェーンS
- 434 チェーンS
- 469 チェーンS
- 826
- フェルト(エメラルドグリーン)
- 3816
- 972 レゼーデージーS(3)
- 434
- 309 チェーンS
- 899 チェーンS
- 904 アウトラインS
- 746 レゼーデージーS
- フェルト(白)
- 3774
- 3816 チェーンS
- 502 チェーンS
- 921 ストレートS(1)
- 502 アウトラインS
- 368 アウトラインS
- 970 レゼーデージーS
- 3774
- 400 チェーンS
- 646 フレンチノットS
- 646 チェーンS
- 3813
- 420 ストレートS
- 400 ストレートS
- 988
- フェルト(茶)
- フェルト(濃オレンジ)
- 518
- 562
- フェルト(茶)
- 420
- 762 ストレートS
- 642 チェーンS
- フェルト(オレンジ)
- 420
- 400 チェーンS
- フェルト(黄)
- 632 ロング&ショートS
- 839 アウトラインS
- 470
- 470 アウトラインS

92

# Page 40 Pattern

*指定以外はサテンS(2)で刺す
*すべて2本どり　*フレンチノットSはすべて2回巻
*Sはステッチの略

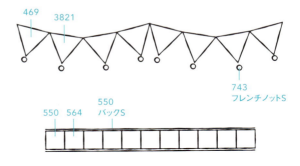

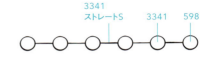
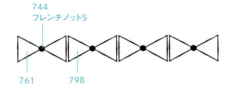

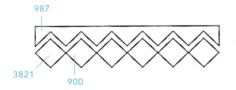
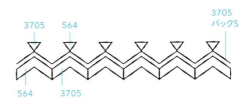

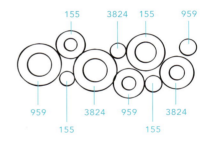

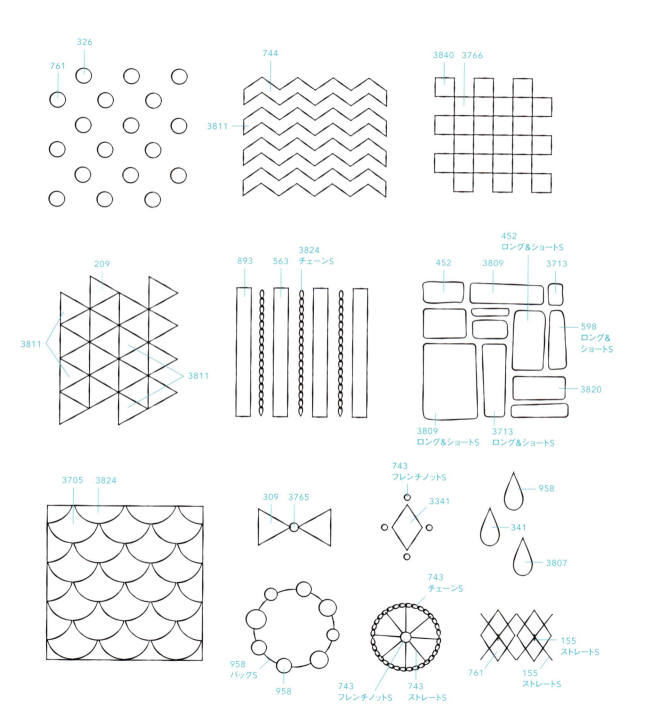

## デザイン＆制作

### 荒木聖子　Shoko Araki
刺繍作家、アートディレクター。1983年長崎県生まれ。アートディレクターとして活躍する傍ら、2008年より刺繍作家としての活動を開始。デザイン性の高い刺繍を得意とする。刺繍をデザインモチーフとした商品開発などに多く携わり、商品多数。
http://hush26.co.jp/shoko_araki/

### 神尾茉利　Mari Kamio
美術家。1985年生まれ。多摩美術大学中退。刺繍・イラストによるクライアントワーク、テキスタイルプロダクト制作などを中心に活動中。著書に『ひみつのステッチ―刺しゅうで雑貨＆小物づくり―』(パイインターナショナル)。
http://kamiomari.com/

### 川畑杏奈（annas）　Anna Kawabata
刺繍イラストレーター。2006年より刺繍作家としての活動をスタートし、小説装画やイラストレーターとしても活動。現在、東京・西荻窪に刺繍教室を開講。『annasのプチ刺繍』(日本文芸社)ほか著書多数。
http://twutea.web.fc2.com/

### 阪本あやこ　Ayako Sakamoto
織り物やニットを組み合わせた小物、バッグ制作をはじめ、紙やフェルトを使った作品を書籍、雑誌へ提供している。著書に『子どものイラストで―ママが作るキッズのバッグ』(文化出版局)、『フェルトでつくるかわいいモビール』(池田書店)ほか。

### 千葉美波子　Minako Chiba
ABCクリエイター、刺繍家。紙ものと刺繍雑貨の制作、刺繍教室や広告用の刺繍アートワーク、著書での作品発表など幅広く活動。難易度の高い技法を多用することにも主眼を置く。
クロヤギシロヤギ　http://kuroyagishiroyagi.com/

## 材料協力

**DMC**
Tel.03-5296-7831
http://www.dmc.com（グローバルサイト）
http://www.dmc-kk.com（WEBカタログ）
＊25番刺繍糸

**fabric bird**
Tel.087-821-1218
http://www.rakuten.ne.jp/gold/fabricbird/
＊カラーリネン
（カバー、p.16, 22, 26-28, 30-41）

## Staff

| | |
|---|---|
| 撮影 | masaco |
| デザイン | ME&MIRACO |
| スタイリング | 串尾広枝 |
| モデル | 畑野明里 |
| イラスト・DTP | 株式会社WADE |
| 編集協力 | 株式会社スリーシーズン |

## 通園通学のための
### ワンポイント刺繍とアップリケ

2015年1月18日　初版発行

著者　荒木聖子
　　　神尾茉利
　　　川畑杏奈（annas）
　　　阪本あやこ
　　　千葉美波子
発行者　佐藤龍夫
発行所　株式会社 大泉書店
　　　〒162-0805　東京都新宿区矢来町27
　　　TEL　03-3260-4001（代）　FAX　03-3260-4074
　　　振替　00140-7-1742
　　　URL　http://www.oizumishoten.co.jp/
印刷・製本　大日本印刷株式会社

本書を無断で複写（コピー・スキャン・デジタル化等）することは、著作権法上認められている場合を除き、禁じられています。小社は、著者から複写に係わる権利の管理につき委託を受けていますので、複写される場合は、必ず小社宛にご連絡ください。

＊本書の作品を無断で複製頒布、転載することは禁じられています。
＊落丁・乱丁本は小社にてお取り替えします。
＊本書の内容についてのご質問は、ハガキまたはFAXでお願いします。

ISBN 978-4-278-05410-1　C0077
©2015 Oizumishoten Printed in Japan